CELE CINCI FORȚE ALE LUI PORTER   4

Informații cheie   4
Introducere   5

TEORIE   7

Puterea de negociere a clienților   8
Puterea de negociere a furnizorilor   9
Amenințarea produselor de substituție   9
Amenințarea noilor concurenți   10
Rivalitatea intra-industrială   11

LIMITĂRI ȘI EXTINDERI   14

Limitări și critici   14
Modele și extensii conexe   16

APLICAȚIE PRACTICĂ   18

Sfaturi și sfaturi de top   18
Studiu de caz – industria e-reader   24

REZUMAT   29

LECTURI SUPLIMENTARE   30

Bibliografie   30

CELE CINCI FORȚE ALE LUI PORTER

INFORMAȚII CHEIE

- **Nume:** Cele cinci forțe ale lui Porter

- **Utilizări:** analiza mediului concurențial al unei industrii

- **De ce are succes?** Acest model vă permite să:

  - să înțeleagă sectorul de activitate și natura relațiilor dintre diverșii participanți pe piața pe care operează întreprinderea;

  - să identifice performanța și factorii de influență ai sectorului;

  - să evalueze modul în care schimbările din cadrul unei industrii pot afecta rentabilitatea acesteia.

- **Cuvinte cheie:**

  - <u>Concurență</u>: un aspect semnificativ al unei piețe caracterizat de companiile care sunt poziționate pe aceasta și care se luptă între ele pentru a deține cea mai mare cotă de piață.

  - <u>Avantajul competitiv</u>: valoarea creată de companie și percepută de clienți, care o diferențiază de ceilalți actori din industrie și îi aduce o profitabilitate mai bună, o forță de diferențiere pentru negociere.

CELE CINCI FORȚE ALE LUI P'ORTER

Înțelegeți forțele concurențiale și rămâneți în fața concurenței

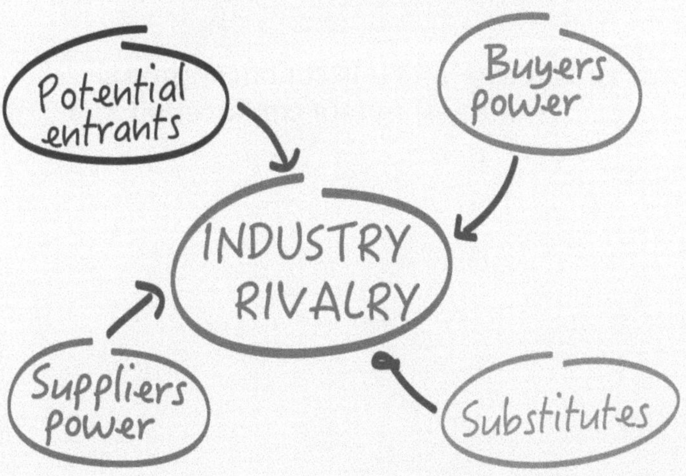

50MINUTES.com

CELE CINCI FORȚE ALE LUI PORTER

Înțelegeți forțele concurențiale și rămâneți în fața concurenței

scris de Stéphanie Michaux
tradus de Alina Dobre

50MINUTES.com

- Concentrarea industriei: puterea anumitor participanți în anumite sectoare. În cazul în care doar câteva companii își împart piața, se spune că industria este concentrată.

- Rentabilitate: raportul dintre investiția inițială și rezultatele financiare.

- Strategie: stabilirea unui set de acțiuni care trebuie întreprinse și de resurse care trebuie utilizate pentru a atinge obiectivele stabilite inițial pe termen lung și pentru a converge spre crearea unei poziții unice și dezirabile într-un mediu concurențial.

- Costurile de transfer: numite și "costuri de schimbare", acestea reprezintă resursele care vor fi investite în mod necesar în timpul tranziției de la un sistem/proces/tehnologie etc. la altul.

INTRODUCERE

Deoarece toate companiile evoluează într-un mediu concurențial, diferențierea a devenit extrem de importantă și uneori vitală. Pe lângă faptul că trebuie să fie în permanență atentă să nu piardă cota de piață deja dobândită pentru o unitate comercială strategică (SBU), compania trebuie să își reafirme continuu diferențele pentru a-și menține și crea propriul avantaj competitiv.

Dezvoltat în 1979 de Michael E. Porter (născut în 1947), profesor de strategie de afaceri la Harvard, modelul celor cinci forțe permite directorilor de întreprinderi să anticipeze tendințele din cadrul unei industrii și schimbările concurenței pentru a le influența prin alegeri strategice care le vor permite să obțină sau să mențină un avantaj competitiv.

Definirea modelului

Modelul celor cinci forțe este un instrument esențial pentru înțelegerea structurii competitive a unei industrii. Acest instrument analitic simplu este eficient pentru a identifica concurenții – în sens larg – ai unei companii, dar și pentru a înțelege cum pot aceștia să reducă capacitatea sa de a genera profit.

Analiza completă examinează cinci forțe: puterea de negociere a clienților, puterea de negociere a furnizorilor, amenințarea produselor de substituție, amenințarea noilor veniți și concurența în interiorul industriei. Primele patru elemente acționează independent una de cealaltă, intensificând în același timp rivalitatea în cadrul industriei.

TEORIE

De-a lungul anilor '70, Michael E. Porter a scris și publicat o serie de articole dedicate strategiei care au dus la publicarea cărții *Competitive Strategy: Techniques for Analyzing Industries and Competitors*, o biblie a strategiei care a fost tradusă de atunci în 19 limbi diferite. În această carte, el a dezvoltat un model puternic care a revoluționat teoria, practica și, de asemenea, predarea strategiei în întreaga lume: modelul celor cinci forțe.

Această abordare se concentrează pe diferitele forțe care modelează și influențează mediul concurențial al unei industrii. Din punct de vedere strategic, această tehnică de analiză este crucială pentru a determina poziționarea unei companii pe o piață, dar și pentru a lupta împotriva concurenței. Este necesar să se identifice în mod clar:

- relația companiei cu ceilalți actori din industrie, inclusiv:

  - clienți

  - furnizori

  - producătorii de produse de substituție

  - noi concurenți potențiali

  - concurenți

- şi, prin urmare, cele cinci forţe:
  - puterea de negociere a clienţilor
  - puterea de negociere a furnizorilor
  - ameninţarea produselor de substituţie
  - ameninţarea noilor concurenţi
  - rivalitatea intra-industrială.

PUTEREA DE NEGOCIERE A CLIENŢILOR

Influenţa clienţilor într-un mediu concurenţial depinde de capacitatea lor de negociere. Aceasta poate forţa de fapt companiile să îşi reducă preţurile, să ceară o calitate mai bună sau servicii suplimentare sau chiar să profite de concurenţa dintre diferiţi actori. În acest fel, consumatorii influenţează în mod direct rentabilitatea pieţei, deoarece au un impact asupra costurilor produsului.

Clienţii au şi mai multă putere dacă:

- există doar câţiva clienţi sau aceştia achiziţionează volume mari;

- produsele disponibile pe piaţă sunt standardizate şi diferă foarte puţin de produsele concurente;

- costul de transfer de la un furnizor la altul este scăzut;

- pot integra direct activităţile furnizorului în propriul lanţ de producţie.

PUTEREA DE NEGOCIERE A FURNIZORILOR

În mod similar, furnizorii pot avea un impact asupra profitabilității unei întreprinderi prin impunerea propriilor condiții (în ceea ce privește costurile sau calitatea) în același mod ca și clienții.

Puterea furnizorilor este semnificativă atunci când:

* acestea sunt deosebit de concentrate sau se află într-o situație de monopol;

* au mulți clienți din diferite industrii;

* costul de transfer este ridicat;

* oferă produse diferențiate și nu există produse de substituție pentru ceea ce oferă;

* acestea pot încorpora mai multe activități în activitatea lor de bază mai departe în lanțul de aprovizionare.

Furnizorii au o putere directă asupra unei industrii prin (re)negocierea termenilor unui contract între ei și clienții lor (companii) și prin căutarea constantă a celor mai bune prețuri.

AMENINȚAREA PRODUSELOR DE SUBSTITUȚIE

Produsele de substituție oferă alternative la oferta existentă într-un sector. Acestea răspund unor nevoi similare într-un mod diferit sau inovator. De exemplu, poșta electronică este un substitut pentru poșta obișnuită, la fel cum MP3 este un substitut pentru Walkman.

Prezente în orice industrie, produsele de substituţie devin ameninţări reale atunci când:

- oferă o calitate mai bună;

- costul transferului către produsul de substituţie este scăzut;

- preţul produsului de substituţie este mai mic.

În general, produsele de substituţie reprezintă o ameninţare prin câştigarea unei cote de piaţă şi prin presiunea asupra preţurilor.

AMENINŢAREA NOILOR CONCURENŢI

Noii intraţi pe piaţă zguduie piaţa prin atingerea unei poziţii neocupate anterior, prin oferirea unei valori mai mari noilor consumatori. Dorinţa acestora de a câştiga noi cote de piaţă creşte presiunea asupra preţurilor şi a politicilor privind costurile şi ratele de investiţii.

Ameninţarea noilor concurenţi este mai puternică atunci când:

- nu există niciun brevet care să protejeze tehnologiile, ceea ce permite accesul uşor la acestea;

- barierele la intrare şi cerinţele de capital sunt foarte scăzute;

- economiile de scară sunt slabe;

- există puţine bariere culturale;

- costurile de înlocuire pentru client sunt reduse;

- companiile deja stabilite în acest sector nu au o imagine de marcă foarte puternică;

- clienţii nu sunt neapărat loiali faţă de companiile care îi aprovizionează;

- probabilitatea de răzbunare din partea actorilor deja stabiliţi pe piaţă este redusă;

- guvernul oferă ajutoare şi subvenţii pentru noii intraţi pe piaţă.

 ## BARIERE LA INTRARE

În cadrul unei industrii, expresia "barieră la intrare" reprezintă nivelul de dificultate – datorat obstacolelor naturale sau artificiale – cu care se confruntă un jucător care doreşte să pătrundă într-o industrie, în special în ceea ce priveşte investiţia iniţială necesară. Obstacolele artificiale pot fi plasate de jucătorii deja prezenţi pe piaţă. Barierele ridicate la intrarea pe piaţă garantează jucătorilor iniţiali o anumită protecţie împotriva noilor intraţi pe piaţă.

În ceea ce priveşte barierele de ieşire, acestea sunt de natură psihologică, deoarece se referă, pentru client, la efortul necesar pentru a părăsi sfera de influenţă a unui produs pentru a intra în cea a unui alt produs.

RIVALITATEA INTRA-INDUSTRIALĂ

În centrul modelului, rivalitatea internă a sectorului poate fi influenţată şi evaluată de celelalte forţe ale modelului. Concurenţii se luptă în mod constant în cadrul sectorului pentru a-şi spori sau pur şi simplu pentru a-şi menţine poziţia în acest domeniu. Concurenţa internă poate lua mai multe forme şi poate avea ca rezultat acţiuni precum:

- preţuri mai mici;

- introducerea de noi produse;

- campanii publicitare;

- îmbunătăţirea gamei de produse şi servicii.

Intensitatea concurenţei depinde de numărul de întreprinderi active în acest sector, de mărimea acestora şi de cota de piaţă pe care o deţin. Aceasta poate creşte dacă:

- sectorul nu este concentrat, adică atunci când concurenţii sunt numeroşi şi de dimensiuni comparabile;

- rata de creştere a industriei este slabă;

- barierele la intrare sunt scăzute şi/sau barierele la ieşire sunt ridicate;

- gradul de diferenţiere a produselor este scăzut;

- costurile fixe sunt ridicate.

Configuraţia celor cinci forţe diferă în funcţie de fiecare industrie. În funcţie de intensitatea, ierarhia şi dinamica acestor forţe, vor putea fi identificaţi factorii critici de succes (CSF), adică elementele strategice care trebuie controlate pentru a asigura un avantaj competitiv durabil.

Cu cât forţele sunt mai intense, cu atât mai puţin marja de manevră a companiilor este mai mică: acestea prezintă un randament mai puţin atractiv al investiţiilor. În schimb, cu cât forţele sunt mai slabe, cu atât companiile vor fi mai profitabile, deoarece sunt protejate de concurenţii lor. Prin urmare, este esenţial să se investească în activităţi care beneficiază de avantaje competitive durabile pentru a asigura rentabilitatea unui proiect şi pentru a permite unei întreprinderi să îşi păstreze marjele şi cota de piaţă.

Prin urmare, performanţa unei companii va depinde de capacitatea sa de a lupta împotriva şi de a influenţa acest mediu concurenţial.

LIMITĂRI ȘI EXTINDERI

Contribuția esențială a lui Porter constă în clasificarea diferiților factori economici care afectează profiturile unei industrii, într-un model care include integrarea verticală a lanțului valoric, precum și concurența pe o piață.

Cu toate acestea, modelul lui Porter are, de asemenea, limitări și poate fi criticat din mai multe motive.

LIMITĂRI ȘI CRITICI

Un model slab și incomplet

Mai multe articole și publicații științifice au pus la îndoială relevanța celor cinci forțe ale lui Porter. Printre cele mai frecvente critici, se numără:

- **Subestimarea oportunităților.** Concentrându-se doar pe amenințările existente și viitoare și pe apărarea cotei de piață, modelul celor cinci forțe lasă foarte puțin loc pentru analiza oportunităților de pe o piață. Acesta nu ia în considerare dinamica interacțiunilor și a posibilelor parteneriate între actorii dintr-o industrie.

- **Neglijarea creării de valoare.** În modelul său, Porter se concentrează în primul rând pe barierele la intrare și pe structura pieței pentru a asigura profituri mai mari decât media. Cu toate acestea, în acest fel, el neglijează conceptul central de creare de valoare pentru clienți și dezvoltarea de noi produse și servicii în cadrul companiei.

- **Primatul industriei.** Concentrându-și abordarea pe structura unei industrii, modelul lui Porter se dovedește a fi identic pentru toți concurenții activi de pe aceeași piață. Prin urmare, devine necesar să se țină cont de alți parametri într-o analiză concurențială extinsă – de exemplu, punctele forte și competențele de bază ale organizațiilor active din industrie. Într-adevăr, întreprinderile pot ocupa poziții unice și de invidiat în cadrul pieței lor, poziții care le pot izola de anumite forțe.

- **Ignorarea variației cererii.** Modelul lui Porter ignoră factorii care pot influența cererea. Astfel, acesta nu ia în considerare principii economice, cum ar fi modificările veniturilor sau ale gusturilor consumatorilor.

- **Analiza calitativă.** Prin natura sa calitativă, modelul lui Porter nu vă permite să estimați cu exactitate intensitatea forțelor. De exemplu, deși aplicarea modelului poate sugera că amenințarea noilor intrați este ridicată, acesta nu oferă un instrument pentru a calcula probabilitatea acestor intrări. Din acest motiv, modelul este deosebit de util pentru a identifica tendințele și schimbările din cadrul unui sector.

Un model învechit

Alți analiști merg până la a susține că modelul celor cinci forțe este incompatibil cu o economie globalizată şi cu dezvoltarea noilor tehnologii. În conformitate cu viziunea unei strategii bazate pe concurenţă şi pe importanţa barierelor la intrare, acest model este subminat de economia actuală, care lasă loc pentru noi intraţi sub diferite forme şi care se reînnoieşte periodic. În ultimii ani, am văzut de multe ori cum avantajul competitiv al marilor întreprinderi a fost invalidat din cauza inovaţiilor radicale. De exemplu, Kodak, fost lider în industria fotografiei profesionale, a fost nevoită să declare falimentul în ianuarie 2012.

În mod similar, modelul celor cinci forţe al lui Porter nu include sinergiile şi interdependenţele din portofoliile de afaceri ale marilor companii care există într-o economie globalizată.

MODELE ŞI EXTENSII CONEXE

Cele cinci (+1) forţe ale lui Porter

Modelul original al lui Porter poate fi completat de o a şasea forţă, a cărei influenţă este departe de a fi nesemnificativă: autorităţile publice. În acest caz, ne referim la modelul celor cinci (+1) forţe.

Deşi nu a fost inclusă în primul model, decât sub forma unui furnizor sau a unui client, guvernul trebuie totuşi luat în considerare pentru rolul său de reglementare. Într-adevăr, întreprinderile care se confruntă pe o piaţă sunt obligate să se conformeze cadrului juridic specific fiecărui teritoriu geografic. Astfel, parametri precum standardele şi reglementările, taxele sau relaţiile diplomatice întreţinute de un stat structurează, de asemenea, piaţa.

În cea mai recentă lucrare a sa, Porter respinge această extindere a modelului. Potrivit acestuia, guvernul nu poate fi considerat o forţă, ci un factor. Cel mai bun mod de a înţelege impactul unui guvern asupra economiei este de a analiza modul în care măsurile luate de autorităţile publice dintr-un stat pot afecta cele cinci forţe.

Ca şi în cazul autorităţilor publice, Porter subliniază, de asemenea, importanţa "suplimentelor". Aceste produse şi servicii sunt utilizate în mod complementar faţă de produsele oferite de industria studiată. Suplimentele intră în joc atunci când beneficiul celor două produse combinate este mai mare decât valoarea fiecărui produs în parte. Acestea pot juca un rol semnificativ, în special în domeniul noilor tehnologii (de exemplu, software specific în industria telecomunicaţiilor), deoarece afectează cererea.

APLICAȚIE PRACTICĂ

SFATURI ȘI SFATURI DE TOP

Pentru a analiza în mod eficient natura unei industrii, este util să se avanseze în etape.

Definiți industria studiată

Pentru a defini o industrie, trebuie să ne concentrăm asupra a două elemente cheie: produsele și zona geografică. Ce produse ar trebui luate în considerare în această analiză? Ce produse ar trebui să nu fie luate în considerare, deoarece aparțin unei alte industrii? În ce zonă geografică sunt activi concurenții?

Identificați componentele modelului

Apoi este necesar să se identifice fiecare forță prin intermediul unor întrebări care sunt specifice fiecărei forțe. Răspunsul la acestea vă va permite să identificați tendințele, precum și amenințările pe care acestea le reprezintă. Este important să răspundeți la aceste întrebări în două etape pentru a vizualiza situația actuală și a anticipa tendința viitoare.

Clienți sau grupuri de clienți

- În ce măsură este concentrată industria clienților mei?

- Care este volumul achizițiilor efectuate de aceste grupuri de clienți?

- Se pot orienta către produse de substituție?

- Fac investiții specifice pentru a facilita tranzacțiile cu anumiți parteneri?

- Amenință cu adevărat să integreze activitățile de producție în aval?

- Pot fi negociate prețurile între clienți și furnizori pentru fiecare comandă?

Furnizori

- Este industria furnizoare mai concentrată decât industria studiată?

- Care este volumul achizițiilor efectuate de industria studiată?

- Companiile din sectorul meu fac investiții specifice pentru a sprijini tranzacțiile cu acești furnizori?

- Amenință aceștia să se integreze în amonte de lanț?

- Sunt obligați să crească prețurile?

- Este ușor pentru ei să găsească noi clienți?

- Sunt mărcile furnizorilor mei puternice?

Concurenți existenți

- Care este structura concursului?

- Care este gradul de diferențiere a produselor?

- Care sunt obiectivele strategice ale concurenților?

- Care este rata de creștere a sectorului?

- Care este structura de cost a industriei studiate?

- Cât de concentrați sunt vânzătorii?

- Există diferențe semnificative de costuri între concurenți?

- Își pot ajusta ușor companiile prețurile?

- Există bariere în calea ieșirii?

- Este prețul cererii ajustabil?

- Concurenții sunt în exces de capacitate?

Produse de substituție

- Sunt disponibile aceste produse? Există un număr mare de astfel de produse?

- Care este raportul preț-calitate perceput al acestor produse?

- În ce măsură este flexibil prețul cererii?

- Există suplimente?

- Care este raportul preț-calitate?

Nou intrați

- De ce capital au nevoie pentru a intra pe piață?

- Există economii de scară considerabile?

- Care este nivelul imaginii lor de marcă?

- Au acces ușor la rețelele de distribuție?

- Au acces ușor la materii prime?

- Au acces ușor la tehnologia relevantă?

- Sunt ele susținute de autoritățile publice?

- Care este scopul lor?

Este necesar să se stabilească prioritățile diferitelor forțe, astfel încât modelul rezultat să fie adaptat la industria studiată.

Identificarea factorilor de stimulare a fiecărei forțe și determinarea gradului lor de intensitate

Fiecare forță trebuie să fie pusă sub semnul întrebării: este suficient de influentă pentru a afecta industria prin reducerea sau uzura profiturilor? Ponderea acestor forțe vă permite să determinați capacitatea unei companii de a obține profit. Cu cât intensitatea acestor 5 sau 6 forțe este mai mare, cu atât oportunitățile de profit vor fi mai limitate, deoarece piața va fi considerată stagnantă. În schimb, dacă forțele sunt slabe, este teoretic posibil să se genereze marje semnificative.

Rețineți că nu trebuie să considerați întotdeauna atractive industriile – sau sectoarele – cu o creștere ridicată. Deși oferă o mulțime de oportunități, există riscul unei concurențe puternice în viitorul apropiat sau îndepărtat.

Determinarea și evaluarea structurii industriei

- Care este gradul de rentabilitate?

- Cine controlează și influențează forțele?

- Cât timp va fi relevantă această analiză?

Analizați schimbările recente și potențiale din industrie

Schimbările din cadrul unei industrii pot fi bruște, astfel încât trebuie să se țină seama de acest lucru, iar criteriile de analiză trebuie actualizate în permanență. Analiza poate scoate în evidență factorii critici de succes, care vor permite companiei să dezvolte un avantaj competitiv durabil și esențial.

 **E BINE DE ȘTIUT**

- În timpul acestei analize, pot apărea multe erori din cauza:

- nu definește cu exactitate industria;

- enumerarea actorilor, în loc să se angajeze într-o analiză reală;

- fără a lua în considerare evoluția industriei;

- confundând efectele și cauzele;

- ignorând tendințele înregistrate în acest sector.

În plus, o astfel de analiză ar trebui să se refere la principiile economice care se aplică fiecărei forțe. Instrumentele de analiză pentru concurența intraindustrială, noii intrați și produsele de substituție includ teoria jocurilor și organizarea industrială. În ceea ce privește studiul privind influența clienților și a furnizorilor, acesta derivă din teoria relațiilor verticale ale companiilor.

Modelul este în primul rând o bază pentru a face alegeri strategice. Multe decizii de acest tip pot rezulta, prin urmare, dintr-o astfel de analiză, iar printre cele mai frecvente se numără:

- **(Re)poziționarea companiei.** În urma analizei și pentru a-și depăși concurenții, managerii pot alege să își (re)poziționeze afacerea prin diferențiere, fie prin costuri, fie printr-un alt avantaj competitiv care să le permită să scape de influența anumitor forțe și, prin urmare, să garanteze profiturile pe termen lung.

- **Deținerea unui nou segment neexploatat al industriei.** Investind într-o nișă care rămâne neexploatată, o companie își poate asigura un randament mai mare al investiției.

- **Influențarea forțelor în favoarea sa.** Deși această manevră este destul de dificilă, o întreprindere poate încerca să schimbe și să influențeze forțele în favoarea sa, în principal prin încheierea de parteneriate cu alte părți interesate pentru a reduce nivelul concurenței intra-industriale sau prin cumpărarea de noi intrați pe piață. Pentru a reduce puterea furnizorilor, o întreprindere poate decide să încorporeze o parte din activitățile acestora în propriul lanț valoric.

În sfârșit, din punct de vedere antreprenorial, această analiză va fi implicată într-o analiză strategică mult mai amplă și va include, de exemplu, analizele SWOT (puncte forte, puncte slabe, oportunități și amenințări) și PESTLE (politic, economic, socio-cultural, tehnologic, juridic și de mediu), care permit identificarea oportunităților și amenințărilor care pot apărea într-un sector.

STUDIU DE CAZ – INDUSTRIA E-READER

Pentru a ilustra această teorie, să ne uităm la piața e-reader (sau e-book reader).

 **ȘTIAȚI CĂ?**

Un e-reader este un dispozitiv electronic al cărui unic scop este de a servi drept suport pentru citirea unei cărți digitale (e-book). Conceput în anii 1990 de doi cercetători italieni, acest produs nu a avut succesul scontat atunci când a fost comercializat în Franța, la sfârșitul anilor 1990. Abia la sfârșitul anilor 2000 a devenit disponibilă o mai mare varietate de cărți electronice, mai întâi în Statele Unite, apoi în Europa. Franța, deși mai lent decât țările anglo-saxone în adoptarea noului produs, are în prezent un număr tot mai mare de cititoare digitale.

Industria cărţii, care s-a schimbat dramatic în ultimii ani din cauza situaţiei economice dificile, se confruntă cu provocări substanţiale. Printre acestea, cea mai importantă este dezvoltarea remarcabilă a comerţului online şi închiderea multor librării. Însăşi apariţia lecturii digitale pune în discuţie modelele de afaceri tradiţionale. În 2012, cifra anuală a vânzărilor de cititoare electronice în SUA a fost de 25 de milioane de unităţi şi se estimează că, în 2013, 32% dintre americani vor deţine un e-reader şi mai mult de jumătate dintre ei vor deţine o tabletă. În prezent, piaţa de e-readere din această ţară este considerată a fi matură.

Care sunt forţele care stau la baza acestei industrii? Ce actori exercită presiune? Ce companii accelerează tendinţele?

- **Puterea de negociere a clienţilor.** În acest caz – cel al cititorilor digitali -, intensitatea acestei forţe este considerată a fi medie. Având în vedere numărul mic de vânzători pentru un număr foarte mare de citioare, impactul transferului clienţilor către un alt tip de dispozitiv de lectură este doar moderat. Într-adevăr, volumul mediu de achiziţie a unui cititor digital nu este suficient de semnificativ pentru a destabiliza un actor din industrie în cazul unei schimbări. Cu toate acestea, costul de transfer, care corespunde în acest caz efortului pe care cititorul trebuie să îl facă pentru a trece la un concurent, este relativ ridicat, având în vedere ecosistemele existente în prezent; cititorul are de fapt tendinţa de a prefera libraria asociată cu cititorul său electronic.

Astfel, în cazul în care cumpărătorul rămâne cu primul model (de exemplu, Kindle, asociat librăriei Amazon), îi va fi foarte greu să transfere cărţile pe care le deţine deja pe noul dispozitiv de lectură dacă optează pentru o altă marcă.

- **Puterea de negociere a furnizorilor.** Puterea de negociere a furnizorilor care au companii active pe piaţa e-reader este, de asemenea, relativ scăzută, deoarece este foarte puţin probabil ca aceştia să integreze activităţi mai jos în lanţul lor de aprovizionare. În plus, dacă furnizorii şi-ar majora semnificativ preţurile, companiile nu ar avea probleme în a găsi alţi furnizori la fel de calificaţi, deoarece această industrie este foarte concentrată.

- **Produse de substituţie.** Deoarece multe alte produse pot înlocui e-reader-urile, începând cu cărţile de hârtie şi tabletele, este dificil să se câştige loialitatea clienţilor pe termen lung. Mai precis, e-readerele, care nu au prezentat o dezvoltare tehnologică timp de mai mulţi ani, sunt expuse unui risc considerabil de a fi depăşite de smartphone-uri care nu numai că au caracteristici similare, dar au şi altele suplimentare. În general, lectura se află în concurenţă cu toate ofertele de petrecere a timpului liber. Ameninţarea reprezentată de produsele de substituţie este deosebit de mare, deoarece în fiecare an se înregistrează o scădere a numărului de cititoare.

- **Nou intraţi.** Această piaţă, care este o piaţă de nişă, nu poate suporta prea multe intrări de noi jucători. Unele grupuri de precursori sunt deja bine stabilite pe această piață matură și ocupă părți mari din piața mondială, astfel încât este relativ dificil să concurezi împotriva lor. Într-adevăr, pentru noii intrați, provocarea este dublă, deoarece aceștia trebuie să dispună de la început de un capital financiar foarte mare pentru producție și trebuie să producă un volum foarte mare de unități pentru a reuși pe piețele de scară. Acest scenariu este posibil numai dacă valoarea creată de acești noi intrați este percepută masiv de către clienți, care ar putea să o considere un avantaj esențial. Amenințarea noilor intrați este relativ scăzută.

- **Concurența în interiorul industriei.** Industria de cititoare electronice este foarte competitivă, unde un număr mic de jucători globali își împart piața. Amazon Kindle, cu o rată de penetrare de aproximativ 40%, domină fără îndoială piața. Până de curând, acesta era urmat de PanDigital, Nook de la Barnes and Noble și Sony, în timp ce alții dețineau doar restul de 20%. Rivalitatea s-a accentuat atunci când, în februarie 2014, Sony a anunțat încetarea producției de e-readere în SUA, copleșită de presiunea deosebit de mare specifică pieței e-readerelor, care era deosebit de puternică. Baza sa de clienți a fost transferată atunci către fostul său rival, Kobo.

Industria e-reader-urilor a ajuns la maturitate în câțiva ani. Acum, aflată în mâinile câtorva actori care duc un război fără milă, aceasta este deja inundată de un număr alarmant de înlocuitori. Prin urmare, este foarte probabil ca în scurt timp să asistăm la o ușoară scădere

a rentabilității acestei piețe, dar și la o reducere trep-
tată a investițiilor în acest sector în favoarea altor teh-
nologii similare cu perspective mai promițătoare.
Amazon, conștient de această schimbare, pare să fi luat
deja unele decizii strategice în acest sens, odată cu lan-
sarea tabletei și a smartphone-urilor sale.

REZUMAT

- Dezvoltat de Michael E. Porter în 1979 şi considerat a fi unul dintre fundamentele teoretice ale strategiei actuale, acest model permite analiza mediului concurenţial al unei industrii.

- Cinci forţe – şi anume puterea de negociere a clienţilor şi a furnizorilor, ameninţarea produselor de substituţie, noii veniţi pe piaţă şi, în cele din urmă, rivalitatea intra-industrială – sunt articulate în acest model pentru a oferi companiilor liniile directoare pentru analiză şi capacitatea de a înţelege interacţiunile din cadrul industriei lor.

- Pe lângă faptul că ajută la vizualizarea competiţiei şi a profitabilităţii unei industrii, acest model sprijină gândirea liderilor de afaceri care doresc să îşi rafineze strategiile pe termen lung.

- Oricât de bun ar părea, modelul lui Porter are totuşi limitările sale, printre care se numără tendinţa de a subestima oportunităţile, supremaţia industriei în raport cu compania şi ignorarea factorilor care afectează cererea.

- Modelul poate fi însoţit de o a şasea forţă: guvernul. De fapt, acesta poate influenţa relaţiile economice dintre actorii dintr-o industrie şi, astfel, poate afecta indirect rentabilitatea acesteia.

LECTURI SUPLIMENTARE

BIBLIOGRAFIE

Besanko, D., Dranove, D., Shanley, M. și Schaefer, S. (2013) *Economics of Strategy*. [Ediția a 6-a]. Hoboken: Wiley.

Magretta, J. (2011) *Comprendre Michael Porter. Concurrence. Stratégie*. Paris: Eyrolles.

Porter, M. E. (1986) *Competition in Global Industries*. Boston: Harvard Business Press.

Porter, M. E. (2008) *Strategia concurențială*. New York: Free Press.

Porter, M. E. (2008) The Five Competitive Forces That Shape Strategy. *Harvard Business Review*. [Online]. Accesat la 5 decembrie 2016]. Disponibil la: http://www.exed.hbs.edu/assets/documents/hbr-shape-strategy.pdf

Porter, M. E. (1991) Towards a Dynamic Theory of Strategy. *Strategic Management Journal*. 12(S2).

Vrem să auzim de la tine!
Lasă un comentariu despre biblioteca ta online
şi împărtăşeşte cărţile tale preferate pe reţelele de socializare!

Master ISBN: 9782808600774
Hârtie ISBN: 9782808602228
Depozit legal: D/2022/12603/223

Design digital: Primento,
partenerul digital al editurilor.